學校 - בית ספר 2
旅行 - נסיעה 5
交通運送 - תחבורה 8
城市 - עיר 10
地形 - נוף 14
餐館 - מסעדה 17
超市 - סופרמרקט 20
飲料 - שתיות 22
食物 - אוכל 23
農場 - חווה 27
房子 - בית 31
客廳 - סלון 33
廚房 - מטבח 35
浴室 - חדר אמבטיה 38
兒童房 - חדר ילדים 42
衣服 - בגדים 44
辦公室 - משרד 49
經濟 - כלכלה 51
職業 - מקצועות 53
工具 - כלי עבודה 56
樂器 - כלי נגינה 57
動物園 - גן חיות 59
體育 - ספורט 62
活動 - פעילויות 63
家 - משפחה 67
身體 - גוף 68
醫院 - בית חולים 72
緊急情形 - חירום 76
地球 - כדור הארץ 77
鐘錶 - שעון 79
週 - שבוע 80
年 - שנה 81
形狀 - צורות 83
顏色 - צבעים 84
反義詞 - הפכים 85
數字 - מספרים 88
語言 - שפות 90
誰/什麼/如何 - מי / מה / איך 91
方位 - איפה 92

Impressum
Verlag: BABADADA GmbH, Nedderfeld 112 , 22529 Hamburg
Geschäftsführer / Verlagsleitung: Harald Hof
Druck: Books on Demand GmbH, In de Tarpen 42, 22848 Norderstedt

Imprint
Publisher: BABADADA GmbH, Nedderfeld 112 , 22529 Hamburg, Germany
Managing Director / Publishing direction: Harald Hof
Print: Books on Demand GmbH, In de Tarpen 42, 22848 Norderstedt

1

學校

בית ספר

除
חילק
186/2
黑板
לוח
教室
כיתה
老師
מורה
紙
נייר
書寫
כתב
筆
עט
辦公桌
שולחן עבודה
直尺
סרגל
書
ספר
學生
תלמיד

書包
ילקוט

鉛筆盒
קלמר

鉛筆
עיפרון

削鉛筆機
מחדד

橡皮擦
גומי מחיקה

畫板
חוברת סרטוט

圖畫

סרטוט

畫筆

מברשת

顏料盒

קופסת צבעים

剪刀

מספריים

膠水

דבק

練習冊

ספר תרגול

家庭作業

שיעור בית

12

數字

מספר

2+2

加

חיבר

5-2

減

חיסר

2×2

乘

הכפיל

計算

חישב

A

字母

אות

ABCDEFG
HIJKLMN
OPQRSTU
VWXYZ

字母表

אלפבית

hello

字

מילה

課文

טקסט

讀

קרא

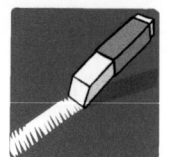

粉筆

גיר

上課

שיעור

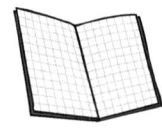

登記

יומן נוכחות

考試

מבחן

證書

תעודה

校服

תלבושת בית ספר

教育

חינוך

百科全書

אנציקלופדיה

大學

אוניברסיטה

顯微鏡

מיקרוסקופ

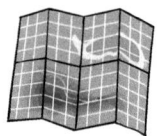

地圖

מפה

廢紙簍

סל נייר

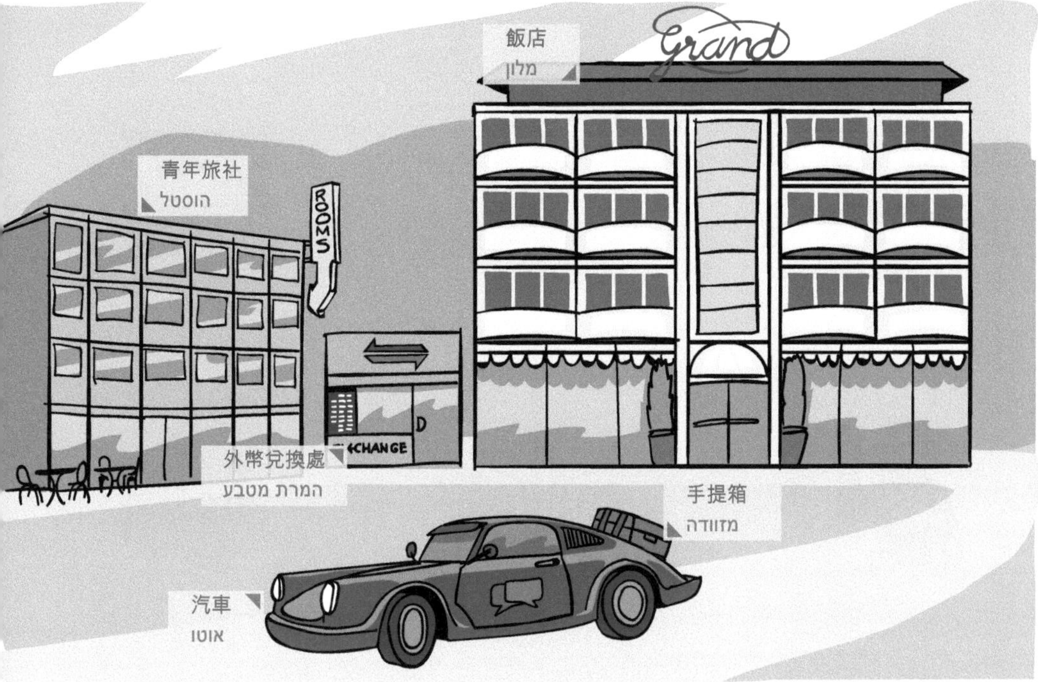

飯店
מלון
Grand
青年旅社
הוסטל
ROOMS
外幣兌換處
המרת מטבע
手提箱
מזוודה
汽車
אוטו

語言

שפה

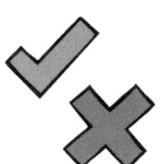

是/否

כן / לא

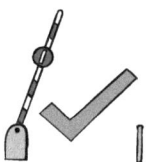

好的

בסדר

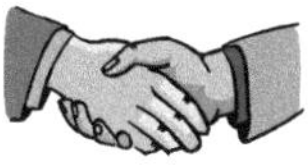

您好

שלום

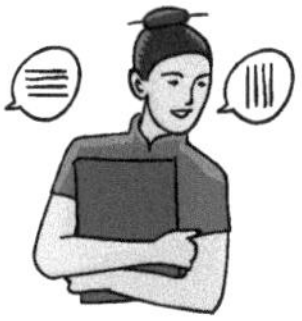

翻譯人員

מתרגם

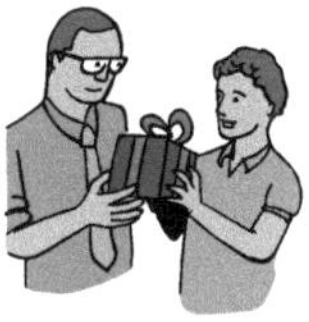

謝謝

תודה

……多少錢？

?……כמה עולה

我不明白

אני לא מבין

問題

בעיה

晚上好！

ערב טוב!

早上好！

בוקר טוב!

晚安！

לילה טוב!

再見

להתראות

方向

כיוון

行李

כבודה

包

תיק

背包

תרמיל גב

客人

אורח

房間

חדר

睡袋

שק שינה

帳篷

אוהל

旅行資訊

מרכז מידע לתיירים

海灘

חוף ים

信用卡

כרטיס אשראי

早餐

ארוחת בוקר

午餐

ארוחת צהריים

晚餐

ארוחת ערב

票

כרטיס

電梯

מעלית

郵票

בול

邊界

גבול

海關

מכס

大使館

שגרירות

簽證

אשרה

護照

דרכון

交通運送

תחבורה

船
אונייה
飛機
מטוס
消防車
כבאית
卡車
משאית
公車
אוטובוס
汽艇
סירת מנוע
腳踏車
אופניים
汽車
אוטו

渡輪

מעבורת

小船

סירה

機車

אופנוע

警車

ניידת משטרה

賽車

מכונית מרוץ

租車

רכב שכור

拼車

מכוניות בשיתוף

拖車

אוטו גרר

垃圾車

משאית זבל

馬達

מנוע

汽油

דלק

加油站

תחנת דלק

交通標識

תמרור

交通

תנועה

交通堵塞

פקק תנועה

停車場

חניה

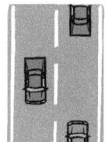

火車站

תחנת רכבת

軌道

פסי רכבת

火車

רכבת

路面電車

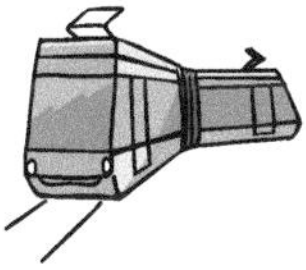

רכבת קלה

客車廂

קרון

直升機

מסוק

機場

שדה-תעופה

塔

מגדל

乘客

נוסע

集裝箱

קונטיינר

紙板箱

קרטון

手推車

עגלה

籃子

סל

起飛/降落

המראה / נחיתה

城市

עיר

村莊

כפר

市中心

מרכז העיר

房子

בית

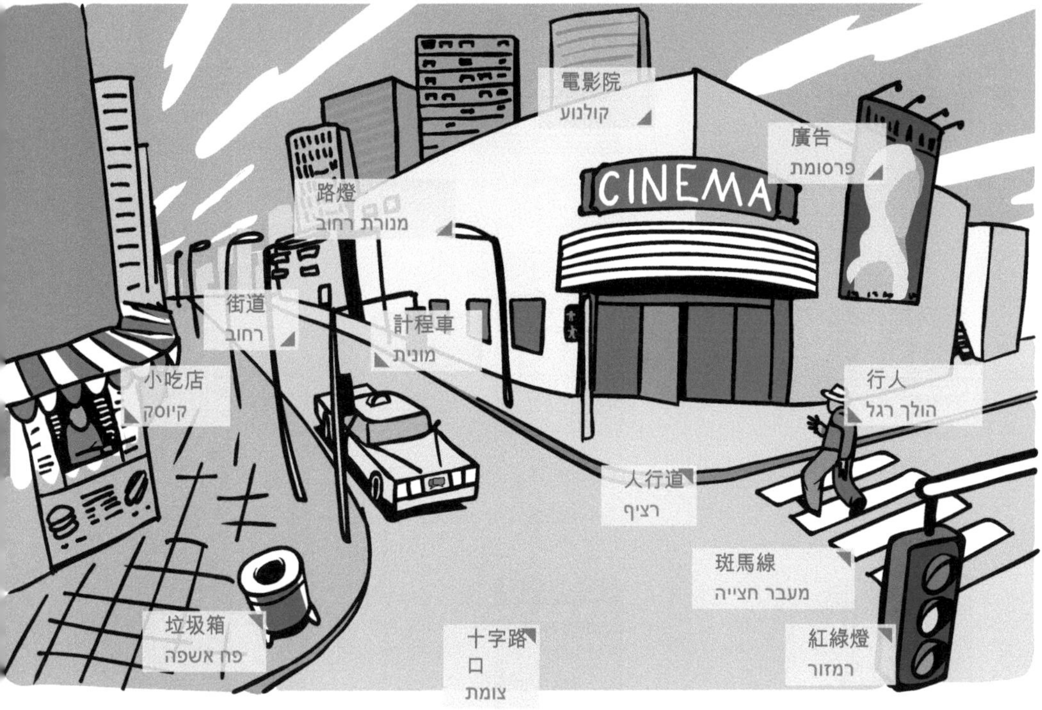
電影院
קולנוע
CINEMA
廣告
פרסומת
路燈
מנורת רחוב
街道
רחוב
計程車
מונית
小吃店
קיוסק
行人
הולך רגל
人行道
רציף
斑馬線
מעבר חצייה
垃圾箱
פח אשפה
十字路口
צומת
紅綠燈
רמזור

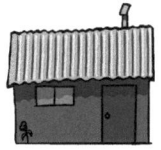

小屋

בקתה

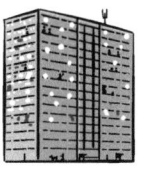

公寓

דירה

火車站

תחנת רכבת

市政廳

עירייה

MUSEUM

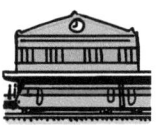

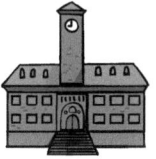

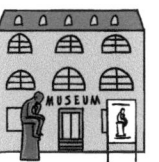

博物館

מוזיאון

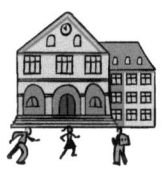

學校

בית ספר

大學

אוניברסיטה

銀行

בנק

醫院

בית חולים

飯店

מלון

藥房

בית מרקחת

辦公室

משרד

書店

חנות ספרים

商店

חנות

花店

חנות פרחים

超市

סופרמרקט

市場

שוק

百貨商店

כל-בו

魚店

מוכר דגים

購物中心

קניון

海港

נמל

公園

פארק

長凳

ספסל

橋

גשר

樓梯

מדרגות

捷運

רכבת תחתית

隧道

מנהרה

公車站

תחנת אוטובוס

酒吧

בר

餐館

מסעדה

郵筒

תא דואר

路標

שלט רחוב

停車計時器

מדחן

動物園

גן חיות

游泳池

בריכת שחיה

清真寺

מסגד

農場

חווה

污染

זיהום

墓地

בית עלמין

教堂

כנסייה

操場

מגרש משחקים

寺廟

בית מקדש

地形

נוף

樹葉
עלה

指示牌
תמרור

路
דרך

草地
מרעה

石頭
אבן

徒步旅行者
מטייל

樹
עץ

河
נהר

草
דשא

花
פרח

峽谷

בקעה

丘陵

הר

湖

אגם

森林

יער

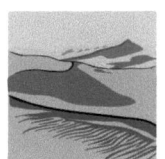

沙漠

מדבר

火山

הר געש

城堡

טירה

彩虹

קשת בענן

蘑菇

פטריה

棕櫚樹

דקל

蚊子

יתוש

蒼蠅

זבוב

螞蟻

נמלה

蜜蜂

דבורה

蜘蛛

עכביש

甲蟲

חיפושית

青蛙

צפרדע

松鼠

סנאי

刺蝟

קיפוד

野兔

ארנב

貓頭鷹

ינשוף

鳥

ציפור

天鵝

ברבור

野豬

חזיר בר

鹿

צבי

麋鹿

אייל הקורא

水壩

סכר

風力發電機

טורבינת רוח

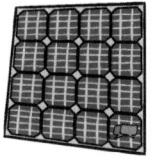

太陽能電池板

פנל סולארי

氣候

אקלים

餐館

מסעדה

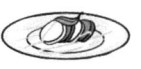

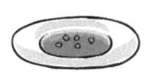

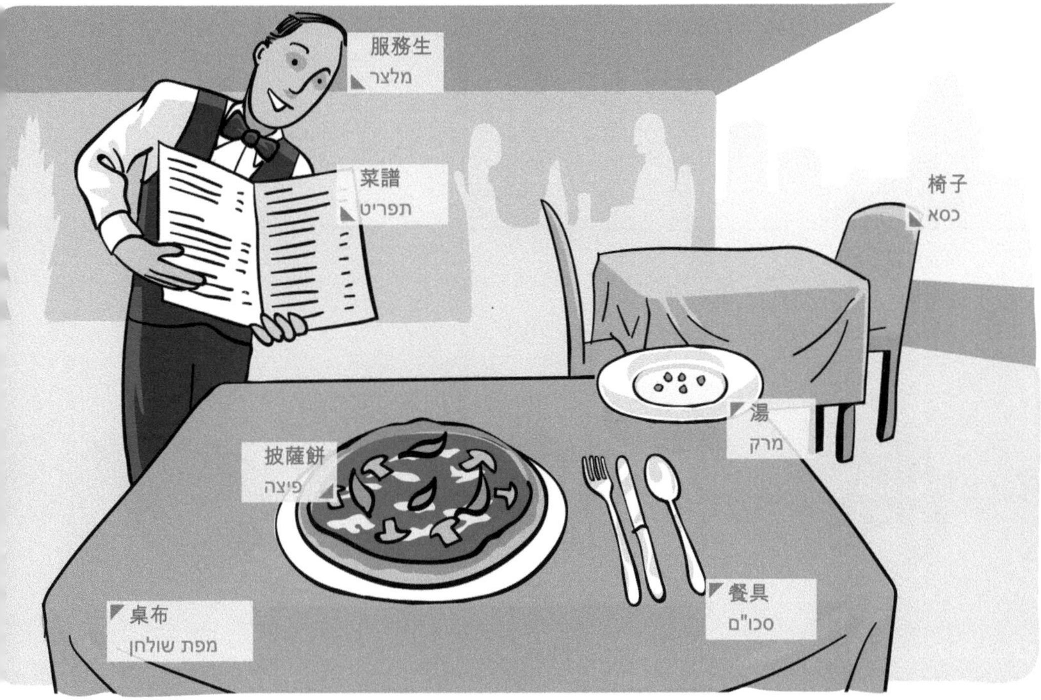

服務生
מלצר
菜譜
תפריט
椅子
כסא
湯
מרק
披薩餅
פיצה
餐具
סכו"ם
桌布
מפת שולחן

前菜

מנת פתיחה

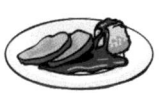

主菜

מנה עיקרית

甜點

קינוח

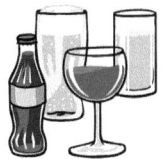

飲料

שתיות

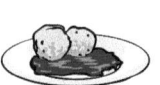

食物

אוכל

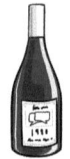

瓶子

בקבוק

速食

מזון מהיר

街邊小吃

אוכל רחוב

茶壺

קנקן תה

糖盒

מסכרת

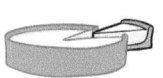

一份飯菜

מנה

義式咖啡機

מכונת אספרסו

高腳椅

כסא תינוק

帳單

חשבון

托盤

מגש

刀

סכין

餐叉

מזלג

勺子

כף

茶匙

כפית

餐巾

מפית

玻璃杯

כוס

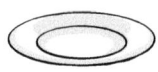

碟子

צלחת

湯盤

קערת מרק

碟子

תחתית

醬

רוטב

鹽瓶

מלחייה

胡椒研磨罐

מטחנת פלפל

醋

חומץ

食用油

שמן

調味料

תבלינים

番茄醬

קטשופ

芥末

חרדל

美乃滋

מיונז

超市

סופרמרקט

特價
מבצע
顧客
לקוח
乳製品
מוצרי חלב
水果
פירות
購物車
עגלת קניות

肉鋪

אטליז

麵包店

מאפייה

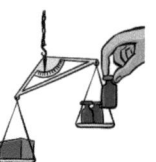

稱重

שקל

蔬菜

ירקות

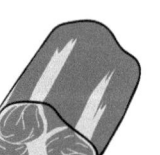

肉

בשר

冷凍食品

מזון קפוא

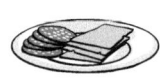

冷盤

בשר קר

罐頭食品

שימורים

洗衣粉

אבקת כביסה

甜食

ממתקים

日用品

מוצרי בית

清潔用品

חומר ניקוי

銷售員

מוכרת

收銀機

קופה

收銀員

קופאי

購物清單

רשימת קניות

開放時間

שעות פתיחה

錢包

ארנק

信用卡

כרטיס אשראי

袋子

תיק

塑膠袋

שקית ניילון

飲料

שתיות

水

מים

果汁

מיץ

牛奶

חלב

可樂

קולה

紅酒

יין

啤酒

בירה

酒

אלכוהול

可可

קקאו

茶

תה

咖啡

קפה

義式濃縮咖啡

אספרסו

卡布奇諾

קפוצ'ינו

食物

אוכל

柳丁

תפוז

蘋果

תפוח

香蕉

בננה

胡蘿蔔

גזר

檸檬

לימון

西瓜

אבטיח

洋蔥

בצל

竹子

במבוק

大蒜

שום

麵條

אטריות

堅果

אגוזים

蘑菇

פטריות

義大利麵

ספגטי

米飯

אורז

沙拉

סלט

薯條

צ'יפס

炸馬鈴薯

צ'יפס

披薩餅

פיצה

漢堡

המבורגר

三明治

כריך

炸豬排

שניצל

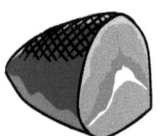

火腿

שינקין

義大利臘腸

סלאמי

香腸

נקניקיה

雞肉

עוף

烤肉

טיגון

魚

דג

燕麥片

שיבולת שועל

木斯里

מוזלי

玉米片

קורנפלקס

麵粉

קמח

牛角麵包

קרואסון

麵包捲

לחמנייה

麵包

לחם

吐司

טוסט

餅乾

עוגיות

奶油

חמאה

凝乳

גבינה לבנה

蛋糕

עוגה

蛋

ביצה

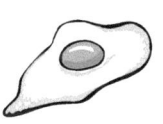

煎蛋

ביצת עין

起司

גבינה

冰淇淋

גלידה

糖

סוכר

蜂蜜

דבש

果醬

ריבה

巧克力醬

ממרח נוגט

咖哩

קארי

農場

חווה

糧倉
אסם
稻草捆
חבילת שחת
田野
שדה
馬
סוס
拖車
עגלת נגרר
拖拉機
טרקטור
馬駒
סייח
驢
חמור
羊
כבש
羔羊
טלה

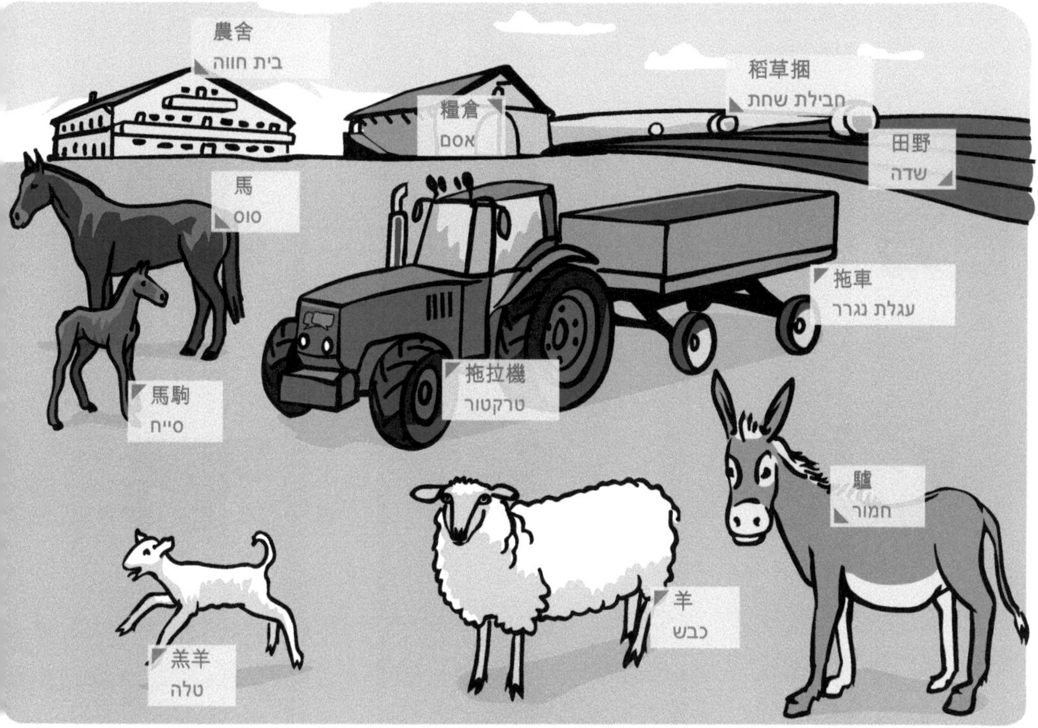

山羊

עז

奶牛

פרה

小牛

עגל

豬

חזיר

小豬

חזרזיר

公牛

שור

鵝

אווז

鴨

ברווז

小雞

אפרוח

母雞

תרנגולת

公雞

תרנגול

鼠

חולדה

貓

חתול

老鼠

עכבר

牛

שור

狗

כלב

狗屋

מלונה

花園澆水軟管

צינור השקיה

澆水壺

קנקן מים

長柄大鐮刀

חרמש

犁

מחרשה

鐮刀

מגל

鋤頭

מגרפה

長柄草耙

קלשון

斧頭

גרזן

獨輪手推車

מריצה

飼料槽

שוקת

牛奶罐

כד חלב

麻布袋

שק

柵欄

גדר

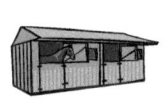

馬廄

אורווה

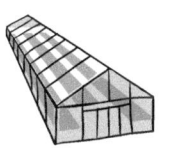

溫室

חממה

土壤

אדמה

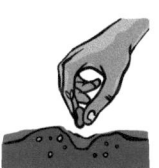

種子

זרע

肥料

דשן

聯合收割機

מקצרה

收割

קצר

收割

קציר

地瓜

בטטה אפריקנית

小麥

חיטה

大豆

סויה

土豆

תפוח אדמה

玉米

תירס

油菜籽

קנולה

果樹

עץ פירות

樹薯

קסבה

穀物

דגנים

房子

בית

煙囪
ארובה
屋頂
גג
落水管
מרזב
窗戶
חלון
車庫
מוסך
門鈴
פעמון
門
דלת
垃圾桶
פח אשפה
信箱
תיבת מכתבים
花園
גינה

客廳

סלון

浴室

חדר אמבטיה

廚房

מטבח

臥室

חדר שינה

兒童房

חדר ילדים

餐廳

חדר אוכל

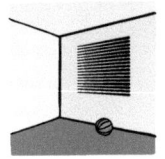

地板

רצפה

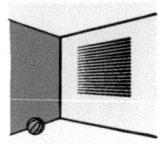

牆壁

קיר

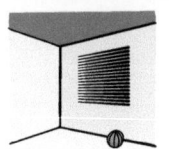

天花板

תקרה

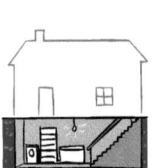

地窖

מרתף

三溫暖

סאונה

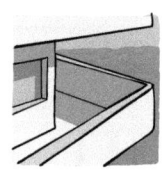

陽臺

מרפסת

露臺

מרפסת

游泳池

בריכה

割草機

מכסחת דשא

被單

סדין

床罩

כיסוי מיטה

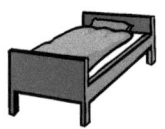

床

מיטה

掃帚

מטאטא

水桶

דלי

開關

מפסק

客廳

סלון

壁紙
טפט
相片
תמונה
מנורה
擱架
מדף
櫥櫃
ארון
電視
טלוויזיה
壁爐
אח
花
פרח
墊子
כרית
沙發
ספה
花瓶
אגרטל
遙控器
שלט רחוק

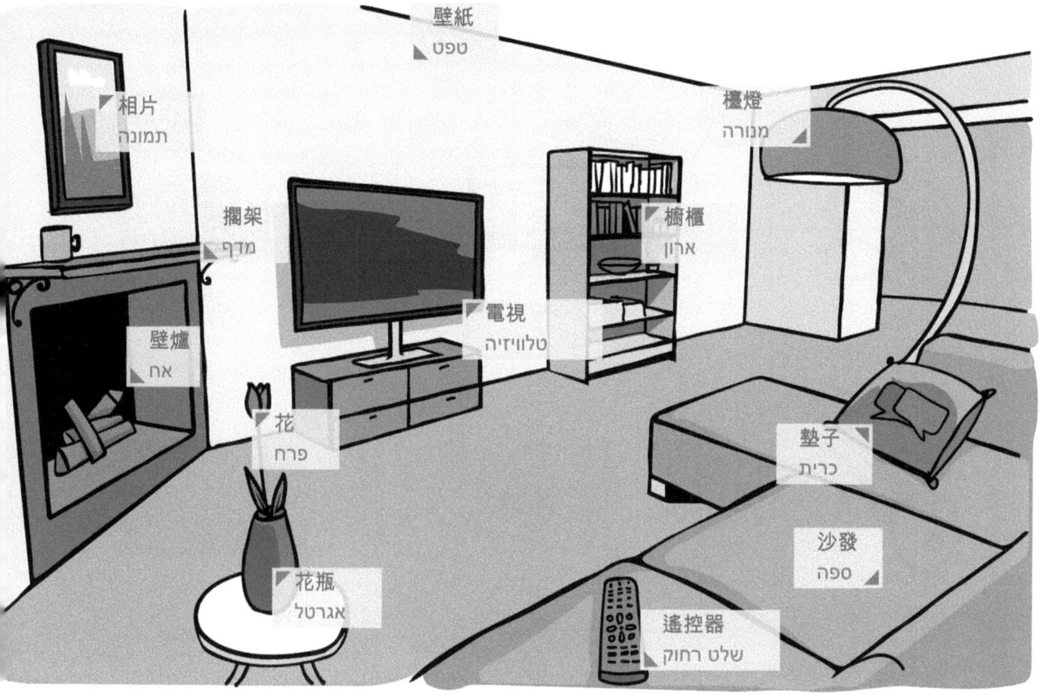

地毯

שטיח

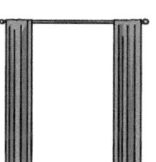

窗簾

וילון

餐桌

שולחן

椅子

כסא

搖椅

כיסא נדנדה

扶手椅

כורסה

書
ספר

毯子
שמיכה

裝飾品
דקורציה

木柴
עצי הסקה

電影
סרט

高傳真音響
מערכת סטריאו

鑰匙
מפתח

報紙
עיתון

油畫
ציור

海報
פוסטר

收音機
רדיו

筆記本
מחברת

吸塵器
שואב אבק

仙人掌
קקטוס

蠟燭
נר

廚房

מטבח

冰箱
מקרר
微波爐
מיקרוגל
烤麵包機
טוסטר
洗潔精
חומר ניקוי
烤箱
תנור
冰櫃
מקפיא
垃圾桶
פח אשפה
洗碗機
מדיח כלים

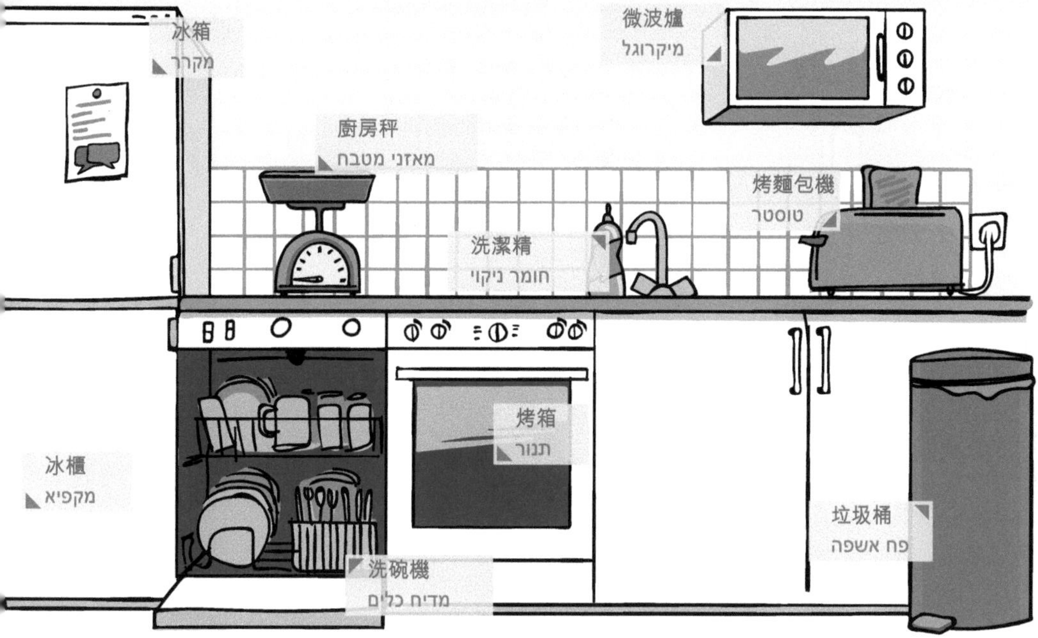

炊具

תנור

鍋

סיר

鑄鐵鍋

סיר ברזל

炒鍋

ווק

平底鍋

מחבת

水壺

קומקום חשמלי

蒸鍋

מאדה

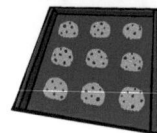

烤盤

מגש אפייה

陶瓷鍋

כלי אוכל

馬克杯

ספל

碗

קערה

筷子

צ'ופסטיקס

長柄勺

מצקת

鏟子

מרית

攪拌器

מטרפה

濾網

מסננת בישול

篩子

מסננת

磨碎機

מגררת

研缽

מכתש

燒烤

גריל

明火

מדורה

菜板

קרש חיתוך

擀麵杖

מערוך

開瓶器

פותחן פקקים

罐子

פחית

開罐器

פותחן קופסאות

隔熱手套

מטלית

水槽

כיור

刷子

מברשת

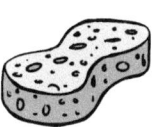

海綿

ספוג

攪拌機

בלנדר

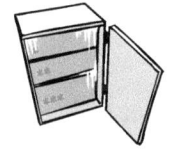

冷藏箱

מקפיא

奶瓶

בקבוק לתינוק

水龍頭

ברז

浴室

חדר אמבטיה

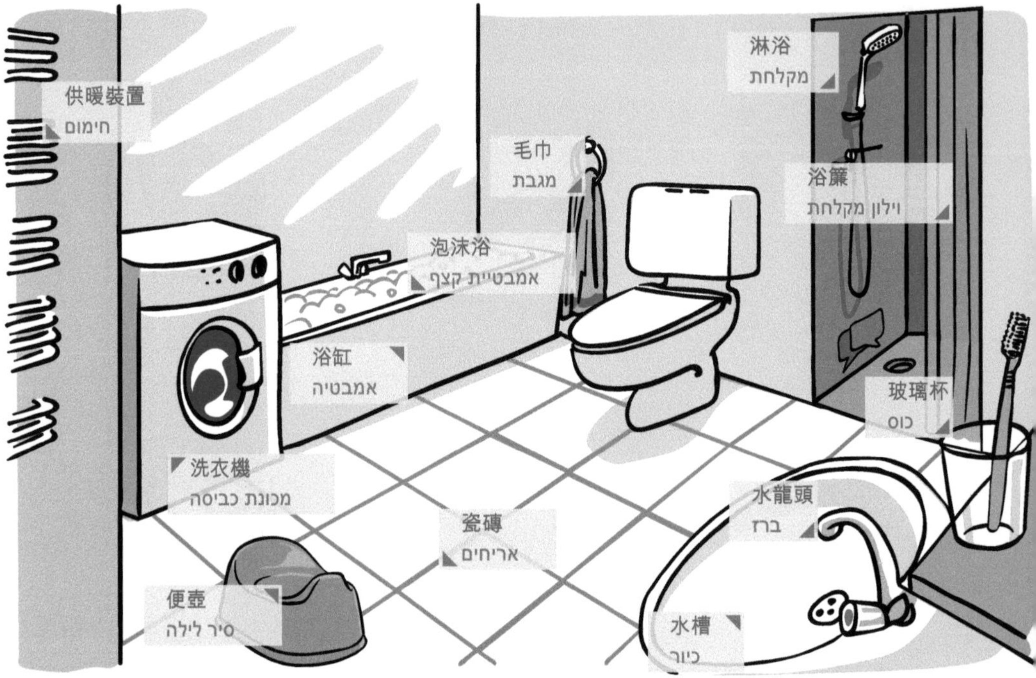

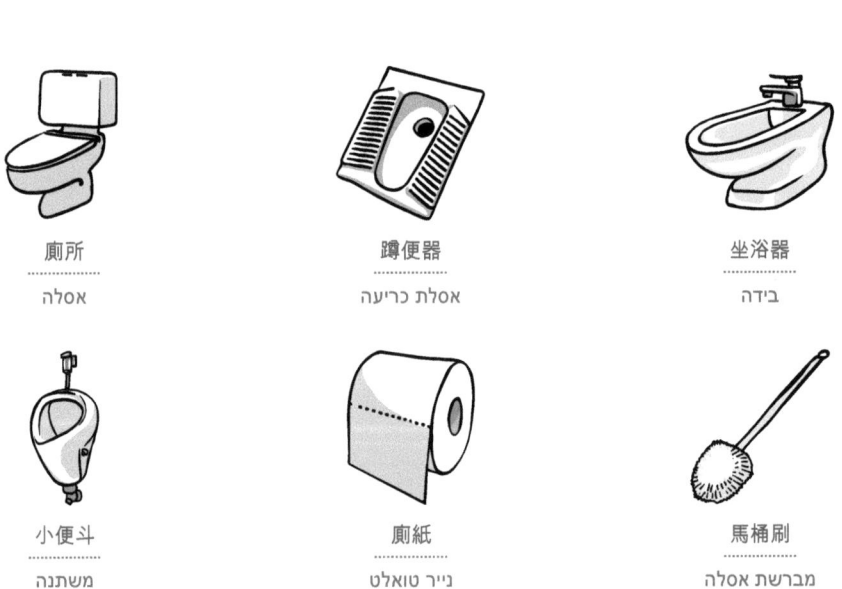

供暖裝置
חימום
毛巾
מגבת
淋浴
מקלחת
浴簾
וילון מקלחת
泡沫浴
אמבטיית קצף
浴缸
אמבטיה
玻璃杯
כוס
洗衣機
מכונת כביסה
水龍頭
ברז
瓷磚
אריחים
便壺
סיר לילה
水槽
כיור

廁所

אסלה

蹲便器

אסלת כריעה

坐浴器

בידה

小便斗

משתנה

廁紙

נייר טואלט

馬桶刷

מברשת אסלה

牙刷

מברשת שיניים

牙膏

משחת שיניים

牙線

חוט דנטלי

洗

שטף

手持式蓮蓬頭

מקלחת יד

沖洗器

צינור שטיפה לשירותים

洗臉盆

קערת רחצה

洗背刷

מברשת גב

肥皂

סבון

沐浴露

ג'ל רחצה

洗髮乳

שמפו

法蘭絨

ליפה

排水

ניקוז

乳霜

קרם

除臭劑

דיאודורנט

鏡子

מראה

手鏡

מראת יד

刮鬍刀

סכין גילוח

刮鬍泡沫

קצף גילוח

鬍後水

אפטרשייב

梳子

מסרק

刷子

מברשת

吹風機

מייבש שיער

噴髮定型劑

ספריי לשיער

化妝品

איפור

唇膏

שפתון

指甲油

לק

化妝棉

צמר גפן

指甲剪

מספריים לציפורניים

香水

בושם

洗漱包

תיק כלי רחצה

凳子

שרפרף

計重秤

משקל

浴袍

חלוק רחצה

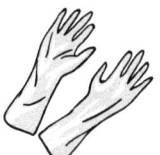

橡膠手套

כפפות גומי

衛生棉條

טמפון

衛生棉

תחבושת סניטרית

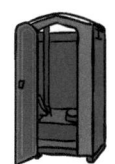

化學廁所

שירותים כימיקליים

兒童房

חדר ילדים

鬧鐘
שעון מעורר
毛絨玩具
צעצוע חיבוק
玩具車
מכונית צעצוע
撥浪鼓
רעשן
玩具屋
בית בובות
禮物
מתנה

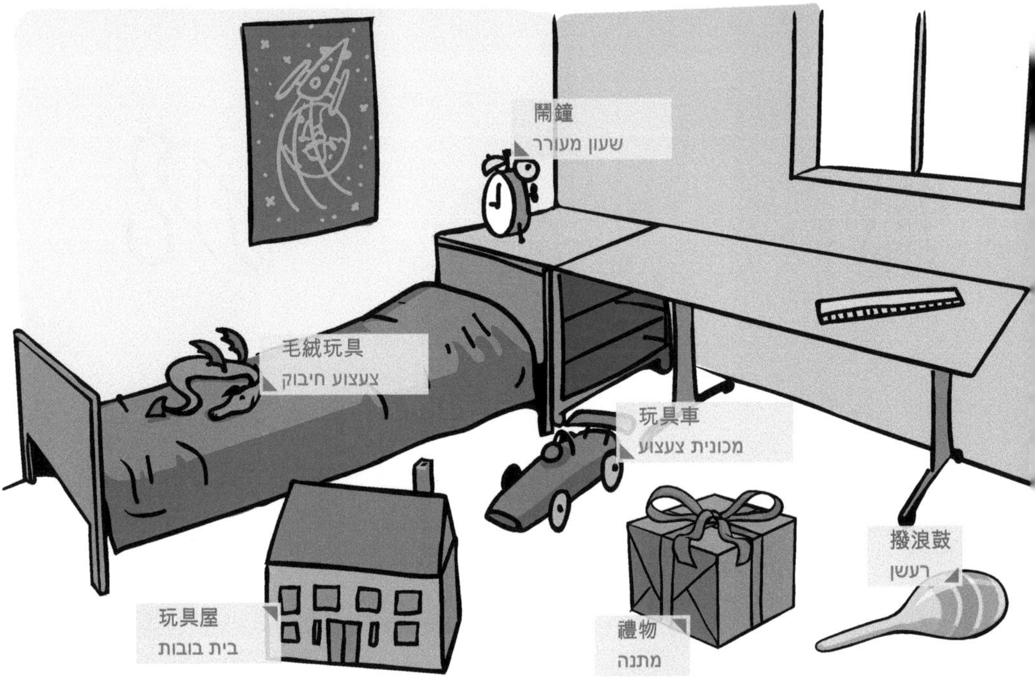

氣球

בלון

床

מיטה

嬰兒車

עגלה

撲克牌

משחק קלפים

拼圖

פאזל

漫畫

קומיקס

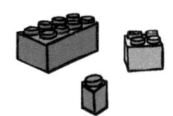

樂高積木

לגו

積木玩具

קוביות משחק

公仔

דמות משחק

嬰兒服

סרבל תינוקות

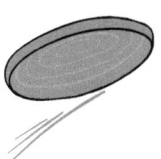

飛盤

פריזבי

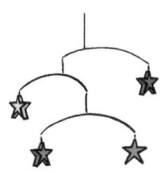

床鈴玩具

נייד

棋盤遊戲

משחק לוח

骰子

קוביה

火車模型

רכבת צעצוע

安撫奶嘴

מוצץ

派對

מסיבה

繪本

אלבום תמונות

球

כדור

洋娃娃

בובה

玩

שיחק

沙坑

ארגז חול

鞦韆

נדנדה

玩具

צעצועים

電玩遊戲

קונסולת משחקים

三輪車

אופניים תלת גלגלי

泰迪熊

דובון

衣櫃

ארון בגדים

衣服

בגדים

襪子

גרביים

長襪

גרביונים

緊身褲

גרביון

圍巾
צעיף

雨傘
מטריה

T恤
חולצת טי

皮帶
חגורה

運動鞋
נעלי ספורט

靴子
מגפיים

拖鞋
נעלי בית

涼鞋
סנדלים

鞋
נעליים

雨靴
מגפי גומי

內褲
תחתונים

胸罩
חזייה

背心
וסט

衣服 - בגדים

45

身體

גוף

褲子

מכנסיים

牛仔褲

ג'ינס

短裙

חצאית

女式襯衫

חולצה מכופתרת

襯衫

חולצה

套頭衫

אפודה

連帽上衣

סווצ'ר עם קפוצ'ון

西裝夾克

בלייזר

夾克

ז'קט

外套

מעיל

雨衣

מעיל גשם

套裝

תלבושת

連衣裙

שמלה

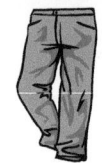

婚紗

שמלת כלה

西裝

חליפה

睡袍

כותונת לילה

睡衣

פיג'מה

莎麗

סארי

頭巾

מטפחת ראש

包頭巾

טורבן

波卡

בורקה

卡夫坦

קאפטן

(阿拉伯式)長袍

עבאיה

泳衣

בגד ים

男式泳褲

בגד ים

短褲

מכנסיים קצרים

運動服

בגד אימון

圍裙

סינר

手套

כפפות

鈕扣

כפתור

眼鏡

משקפיים

手鏈

צמיד יד

項鍊

שרשרת

戒指

טבעת

耳環

עגיל

便帽

כובע

衣架

קולב

帽子

כובע

領帶

עניבה

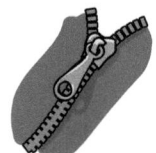

拉鍊

רוכסן

安全帽

קסדה

背帶

כתפיות

校服

תלבושת בית ספר

制服

מדים

圍兜

מפית אוכל

安撫奶嘴

מוצץ

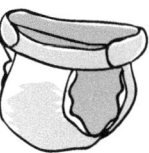

尿布

חיתול

辦公室

משרד

伺服器
שרת
檔案櫃
תיקייה
印表機
מדפסת
紙
נייר
螢幕
מסך
שולחן עבודה
滑鼠
עכבר
資料夾
תיק
鍵盤
מקלדת
廢紙簍
סל נייר
電腦
מחשב
椅子
כסא

咖啡杯

ספל קפה

計算機

מחשבון

網際網路

אינטרנט

筆記型電腦
מחשב נייד

信件
מכתב

簡訊
הודעה

行動電話
נייד

網路
רשת

影印機
מכונת צילום

軟體
תוכנה

電話
טלפון

插座
שקע

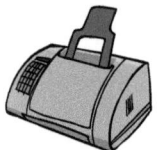

傳真機
פקס

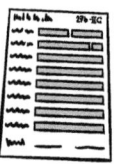

表格
טופס

檔案
מסמך

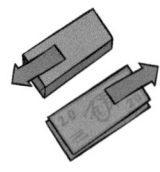

買

קנה

付錢

שילם

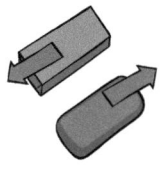

交易

סחר

現金

כסף

美元

דולר

歐元

יורו

日元

יֵן

盧布

רובל

瑞士法郎

פרנק שווייצרי

人民幣

יואן רנמינבי

盧比

רופי

提款處

כספומט

外幣兌換處

המרת מטבע

金

זהב

銀

כסף

石油

נפט

能源

אנרגיה

價格

מחיר

合約

חוזה

稅金

מס

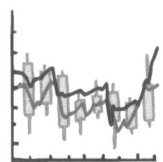

股票

מנייה

工作

עבד

職員

עובד

老闆

מעסיק

工廠

מפעל

商店

חנות

職業

מקצועות

警官
שוטר
消防員
כבאי
廚師
טבח
醫師
רופא
飛行員
טייס

園丁

גנן

木匠

נגר

裁縫

תופרת

法官

שופט

化學家

כימאי

演員

שחקן

公車司機

נהג אוטובוס

計程車司機

נהג מונית

漁夫

דייג

清洗女工

עובדת נקיון

屋頂工

מתקן גגות

服務生

מלצר

獵人

צייד

畫家

צייר

麵包師

אופה

電工

חשמלאי

建築工人

עובד בניין

工程師

מהנדס

屠夫

קצב

水管工

אינסטלטור

郵差

דוור

士兵

חייל

建築師

אדריכל

收銀員

קופאי

花農

מוכר פרחים

理髮師

ספר

售票員

כרטיסן

機械技師

מכונאי

船長

קברניט

牙醫

רופא שיניים

科學家

מדען

拉比

רב

伊瑪目

אימאם

和尚

נזיר

牧師

כומר

工具
כלי עבודה

鐵錘
פטיש
鉗子
צבת
螺絲起子
מברג
扳手
מפתח ברגים
手電筒
פנס

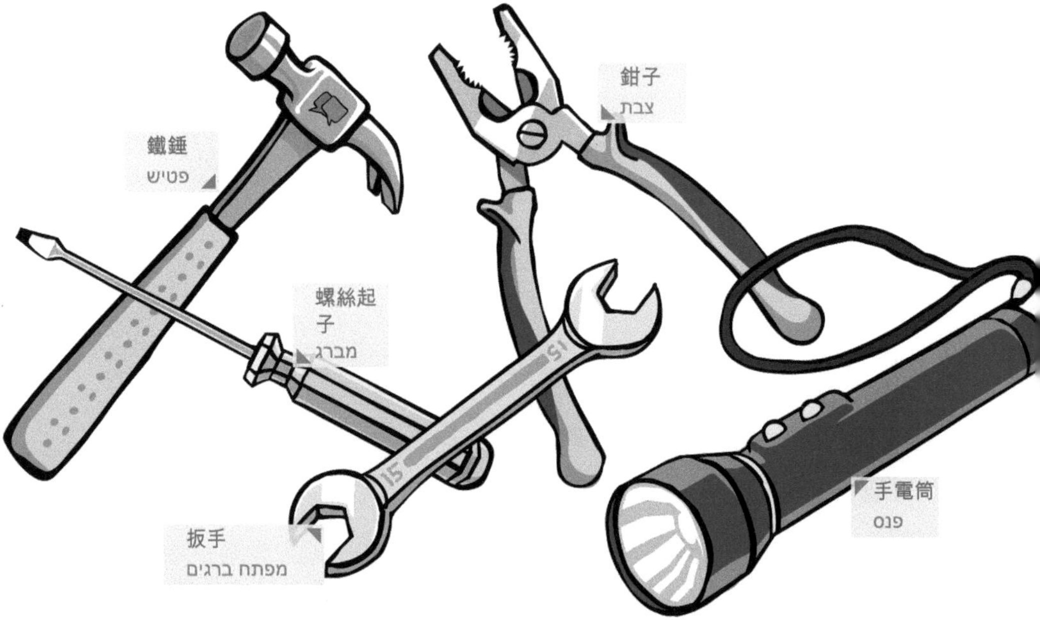

挖掘機
דחפור

工具箱
ארגז כלים

梯子
סולם

鋸子
מסור

釘子
מסמרים

鑽機
מקדחה

修
....
תיקון

鏟子
....
את חפירה

糟糕！
....
לעזאזל!

畚箕
....
יעה

油漆桶
....
פח צבע

螺絲
....
ברגים

樂器
כלי נגינה

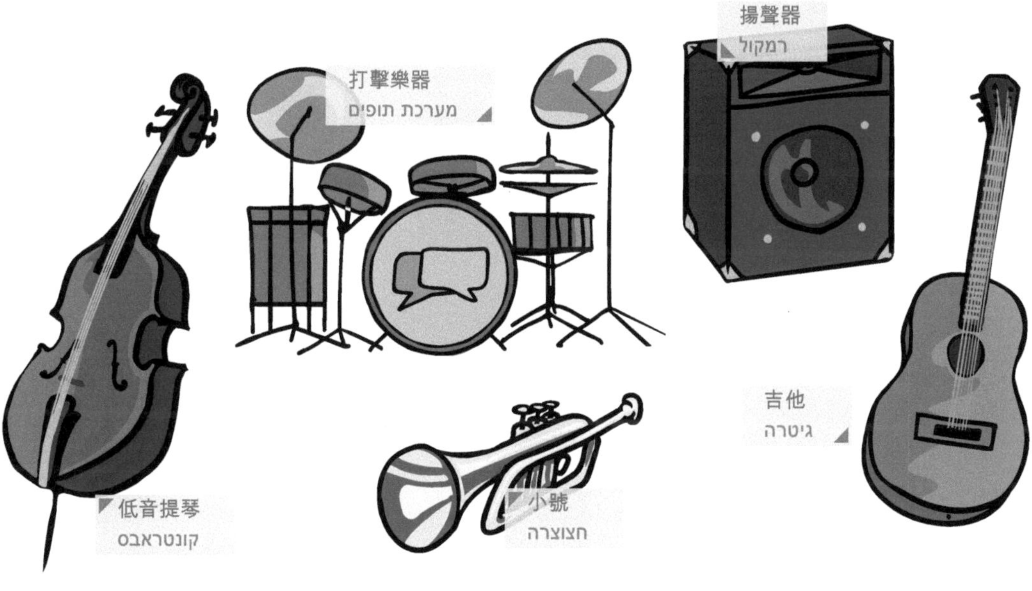

揚聲器
רמקול

打擊樂器
מערכת תופים

吉他
גיטרה ◄

◄ 低音提琴
קונטראבס

小號
חצוצרה

鋼琴

פסנתר

小提琴

כינור

貝斯

בס

定音鼓

תוף הדוד

鼓

תופים

電子琴

מקלדת פסנתר

薩克斯風

סקסופון

長笛

חליל

麥克風

מיקרופון

動物園

גן חיות

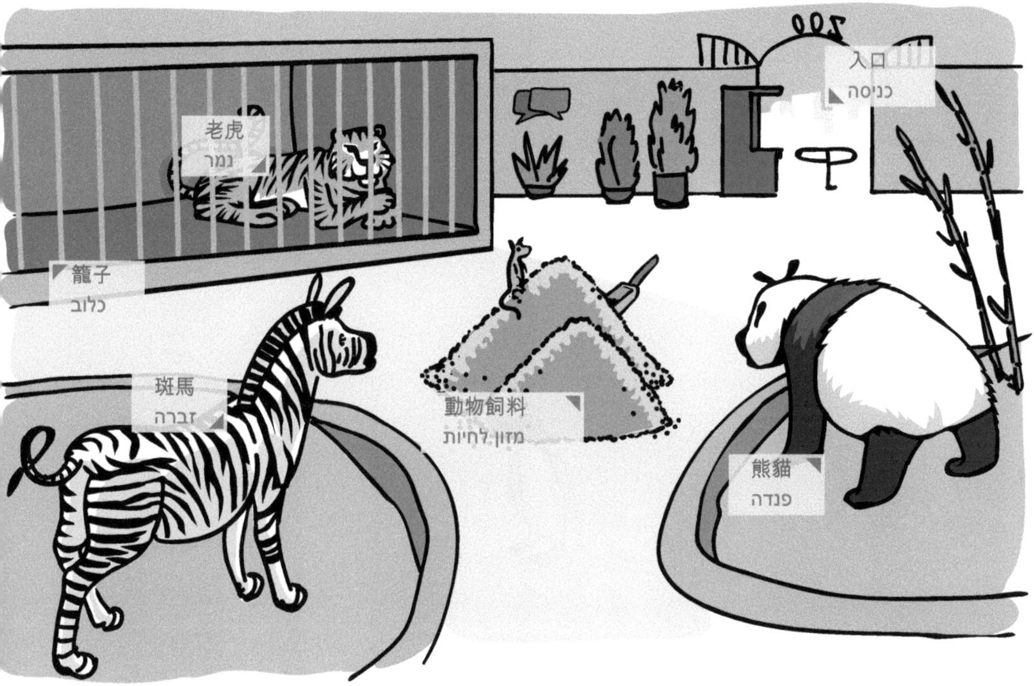

入口
כניסה
老虎
נמר
籠子
כלוב
斑馬
זברה
動物飼料
מזון לחיות
熊貓
פנדה

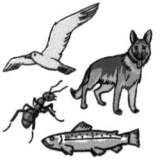

動物

בעלי חיים

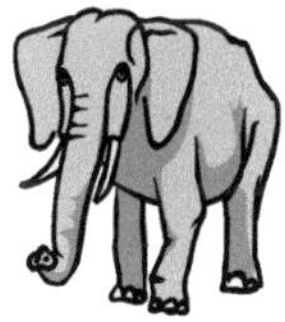

大象

פיל

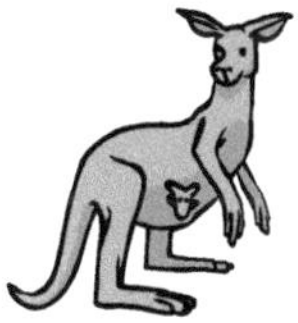

袋鼠

קנגרו

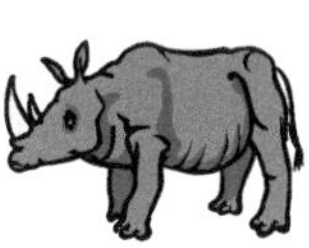

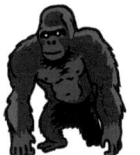

犀牛

קרנף

大猩猩

גורילה

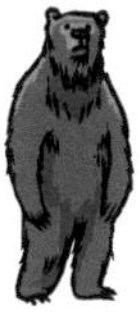

熊

דוב

駱駝

גמל

鴕鳥

יען

獅子

אריה

猴子

קוף

紅鶴

פלמינגו

鸚鵡

תוכי

北極熊

דוב הקרח

企鵝

פינגווין

鯊魚

כריש

孔雀

טווס

蛇

נחש

鱷魚

תנין

動物園管理員

שומר גן החיות

海豹

כלב ים

美洲豹

יגואר

動物園 - גן חיות

矮種馬

סוס פוני

豹

לאופרד

河馬

היפופוטאם

長頸鹿

ג'ירפה

老鷹

נשר

野豬

חזיר בר

魚

דג

龜

צב

海象

סוס ים

狐狸

שועל

羚羊

איילה

體育
ספורט

橄欖球
פוטבול אמריקאי
騎腳踏車
רכיבת אופניים
網球
טניס
籃球
כדורסל
游泳
שחיה
拳擊
אגרוף
冰球
הוקי

美式足球

כדורגל

羽毛球

בדמינטון

田徑

אתלטיקה

手球

כדור-יד

滑雪

עשה סקי

馬球

פולו

פעילויות

跳
קפץ
擁抱
חיבק
笑
צחק
走路
הלך
唱
שר
做夢
חלם
祈禱
התפלל
親吻
נשק

書寫

כתב

畫

צייר

展示

הראה

推

דחף

給

נתן

拿

לקח

有

יש / להיות הבעלים

做

עשה

當

היה

站

עמד

跑

רץ

拉

משך

丟

זרק

摔倒

נפל

躺

שכב

等待

חיכה

攜帶

סחב

坐

ישב

穿衣

התלבש

睡覺

ישן

醒來

התעורר

看

הסתכל ב-

哭

בכה

擊

ליטף

梳頭

סירק

交談

דיבר

明白

הבין

問

שאל

聽

שמע

喝

שתה

吃

אכל

清理

סידר

愛

אהב

做飯

בישל

開車

נהג

飛

עף

航行

שט

計算

חישב

讀

קרא

學習

למד

工作

עבד

結婚

התחתן

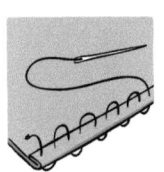

縫

תפר

刷牙

ציחצח שיניים

殺

הרג

抽菸

עישן

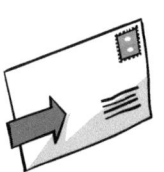

寄

שלח

祖母
סבתא

祖父
סבא

父親
אבא

母親
אימא

嬰兒
תינוק

女兒
בת

兒子
בן

客人

אורח

阿姨

דודה

叔叔

דוד

兄弟

אח

姐妹

אחות

身體

גוף

前額
מצח
眼睛
עין
臉
פנים
下巴
סנטר
手指
אצבע
手
כף יד
乳房
חזה
手臂
זרוע
肩膀
כתף
腿
רגל

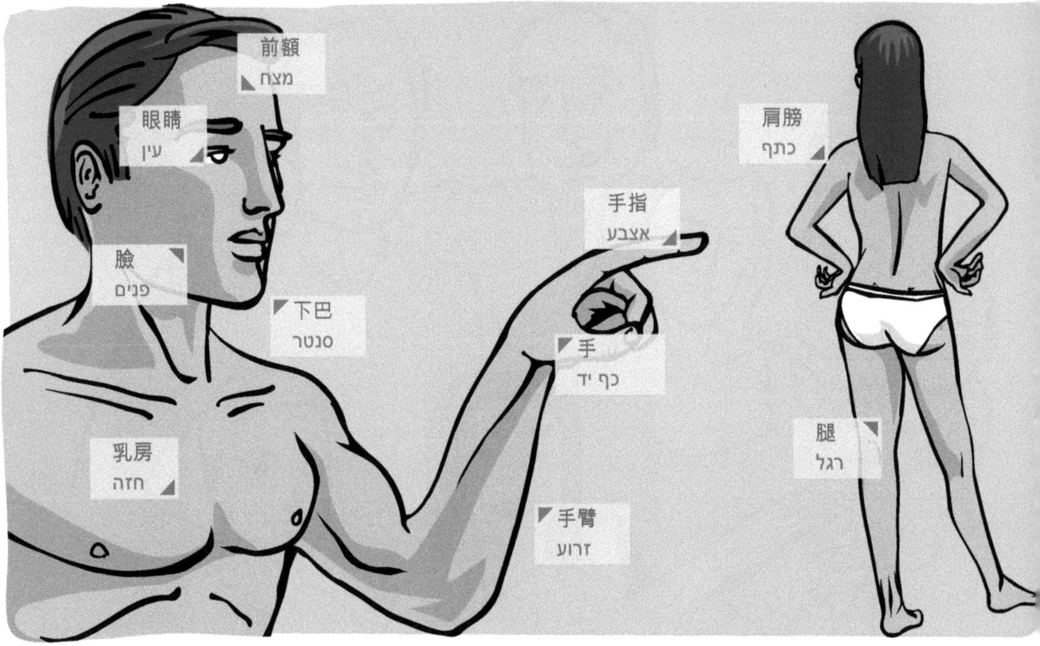

嬰兒

תינוק

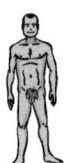

男人

איש

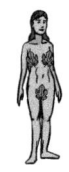

女人

אישה

女孩

ילדה

男孩

ילד

頭

ראש

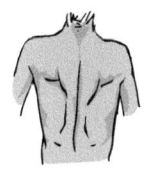

背部

גב

肚子

בטן

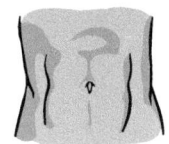

肚臍

טבור

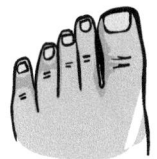

腳趾

אצבע

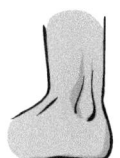

腳後跟

עקב

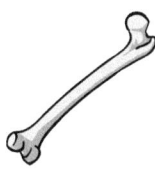

骨頭

עצם

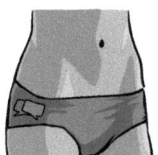

臀部

ירך

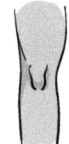

膝蓋

ברך

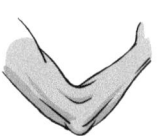

手肘

מרפק

鼻子

אף

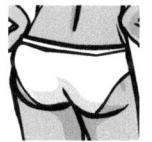

屁股

עכוז

皮膚

עור

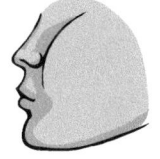

臉頰

לחי

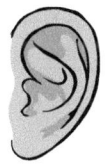

耳朵

אוזן

嘴唇

שפתיים

嘴

פה

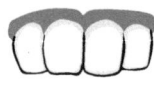

牙齒

שן

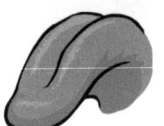

舌頭

לשון

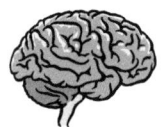

腦

מוח

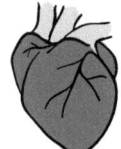

心臟

לב

肌肉

שריר

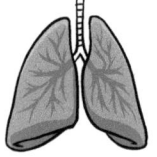

肺

ריאה

肝臟

כבד

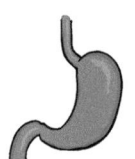

胃

קיבה

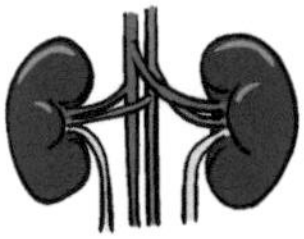

腎臟

כליות

性交

מין

保險套

קונדום

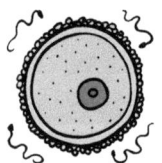

卵子

ביצית

精子

זרע

懷孕

הריון

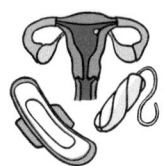

月事

ווסת

陰道

נרתיק

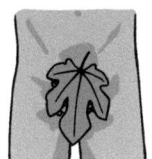

陰莖

פין

眉毛

גבה

頭髮

שיער

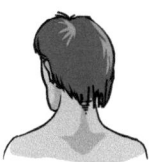

脖子

צוואר

醫院
בית חולים

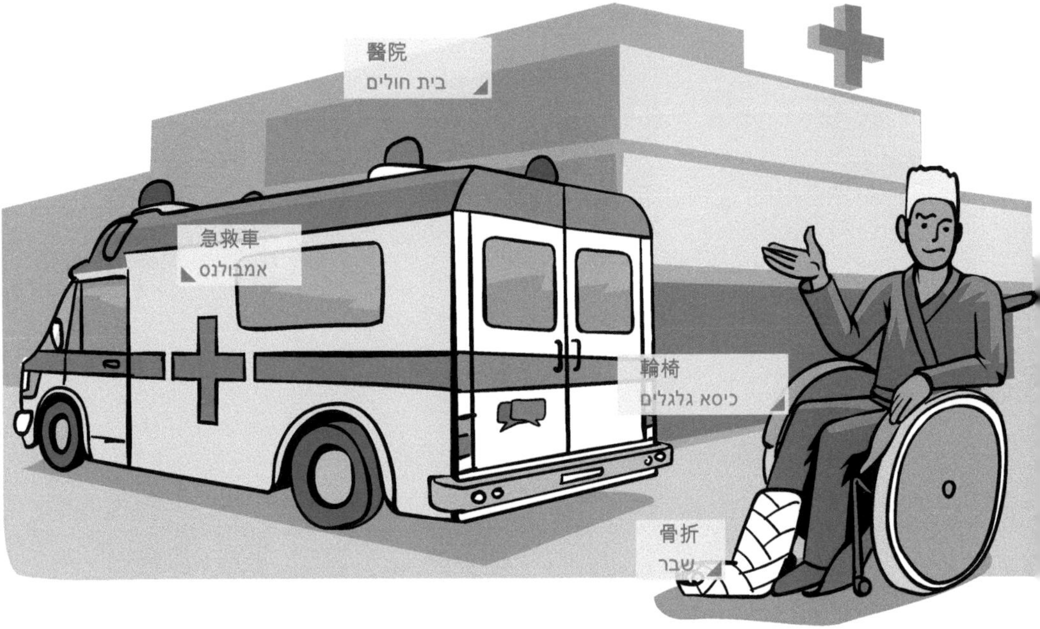

醫院
בית חולים
急救車
אמבולנס
輪椅
כיסא גלגלים
骨折
שבר

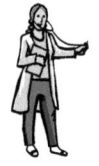

醫師

רופא

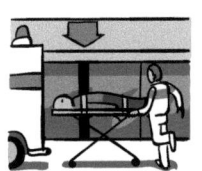

急診室

חדר מיון

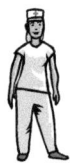

護理師

אחות

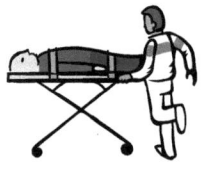

緊急情形

חירום

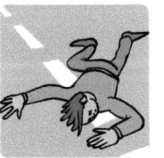

昏迷

חסר הכרה

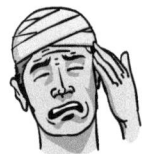

痛

כאב

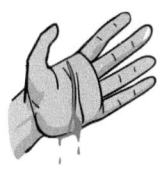

受傷

פציעה

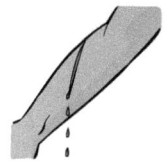

出血

דימום

心臟病發作

התקף לב

中風

שבץ

過敏

אלרגיה

咳嗽

שיעול

發燒

חום

流感

שפעת

腹瀉

שלשול

頭痛

כאב ראש

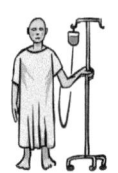

癌症

סרטן

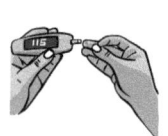

糖尿病

סוכרת

外科醫師

מנתח

手術刀

אזמל

手術

ניתוח

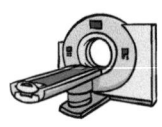

電腦斷層掃描

סי-טי

X光

רנטגן

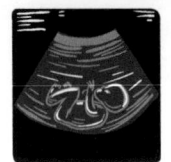

超音波

אולטרסאונד

口罩

מסיכת פנים

疾病

מחלה

候診室

חדר המתנה

拐杖

קבה

石膏

פלסטר

繃帶

תחבושת

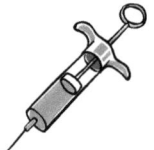

注射

זריקה

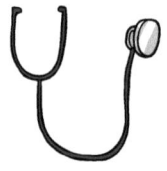

聽診器

סטטוסקופ

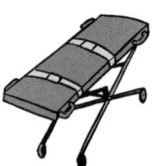

擔架

אלונקה

體溫計

מד חום

出生

לידה

超重

עודף משקל

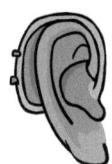

助聽器

מכשיר שמיעה

消毒液

מחטא

感染

זיהום

病毒

נגיף

愛滋病

איידס

藥物

תרופה

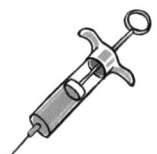

接種疫苗

חיסון

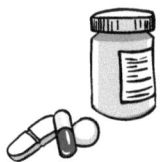

藥片

טבליות

藥丸

גלולה

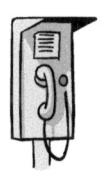

急救電話

קריאת חירום

血壓計

מד לחץ דם

生病/健康

חולה / בריא

緊急情形

חירום

救命！

הצילו!

警報

אזעקה

突擊

פשיטה

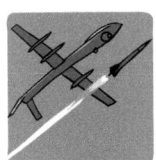

攻擊

תקיפה

危險

סכנה

緊急出口

יציאת חירום

失火了！

אש!

滅火器

מטף כיבוי

意外

תאונה

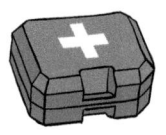

急救箱

ערכת עזרה ראשונה

呼救訊號

הצילו!

員警

משטרה

地球
כדור הארץ

南美洲

דרום אמריקה

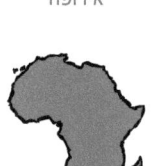

北美洲

צפון אמריקה

歐洲

אירופה

澳洲

אוסטרליה

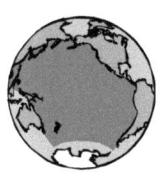

亞洲

אסיה

非洲

אפריקה

印度洋

האוקיינוס ההודי

太平洋

האוקיינוס השקט

大西洋

האוקיינוס האטלנטי

北極

הקוטב הצפוני

北冰洋

האוקיינוס הארקטי

南冰洋

האוקיינוס האנטרקטי

南極

הקוטב הדרומי

南極洲

אנטארקטיקה

地球

כדור הארץ

陸地

אדמה

海

ים

島

אי

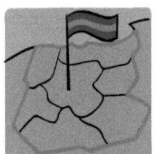

國家

לאום

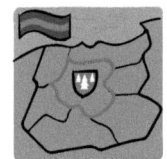

州

מדינה

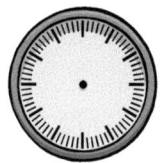

鐘錶

שעון

錶盤

פני השעון

時針

מחוג השעות

分針

מחוג הדקות

秒針

מחוג השניות

現在幾點？

?מה השעה

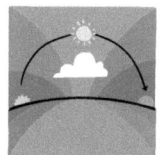

天

יום

時間

זמן

現在

עכשיו

電子錶

שעון דיגיטלי

分

דקה

時

שעה

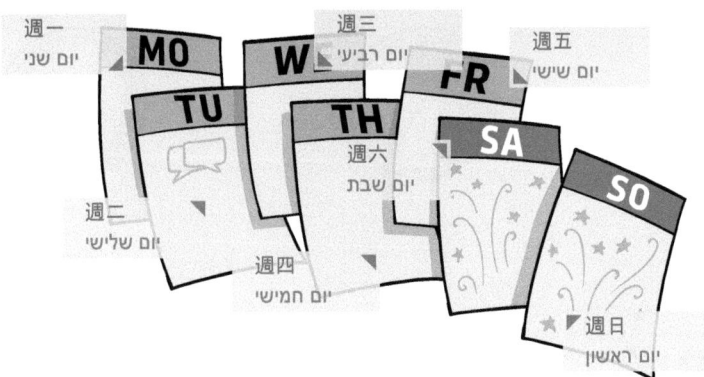

週

שבוע

יום שני
週三
יום רביעי
週五
יום שישי
週六
יום שבת
週二
יום שלישי
週四
יום חמישי
週日
יום ראשון

昨天

אתמול

今天

היום

明天

מחר

早晨

בוקר

中午

צהריים

晚上

ערב

工作日

ימי עבודה

週末

סוף שבוע

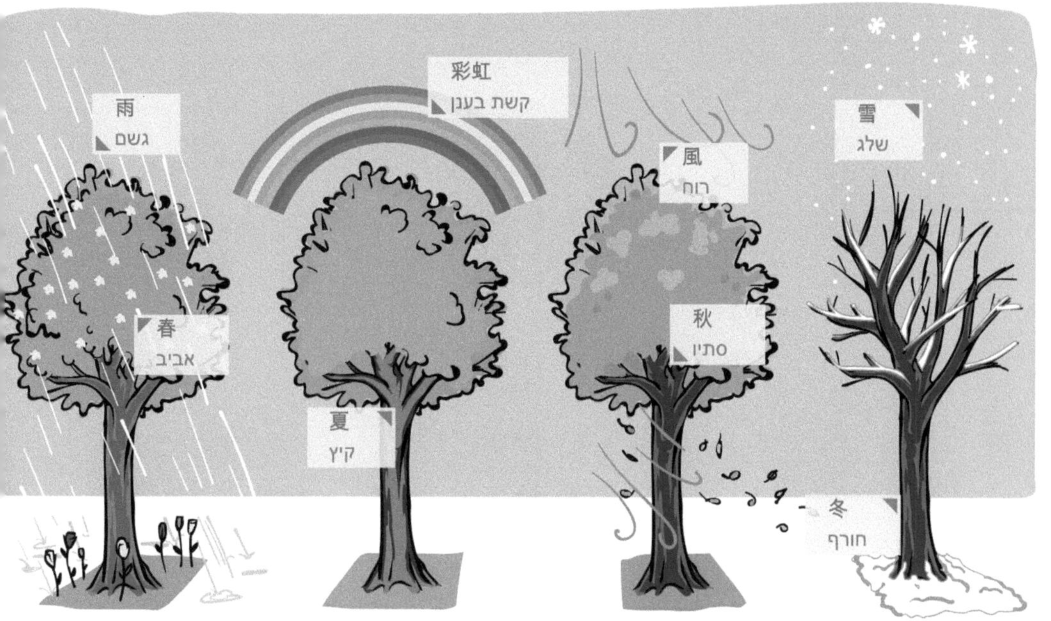

雨
גשם
彩虹
קשת בענן
風
רוח
雪
שלג
春
אביב
夏
קיץ
秋
סתיו
冬
חורף

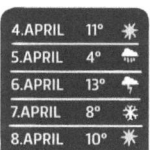

4.APRIL 11°
5.APRIL 4°
6.APRIL 13°
7.APRIL 8°
8.APRIL 10°

天氣預告

תחזית מזג האוויר

F C
120 40
90 30
60 20
30 10
0 0
-30 -10
-20

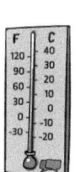

溫度計

מד חום

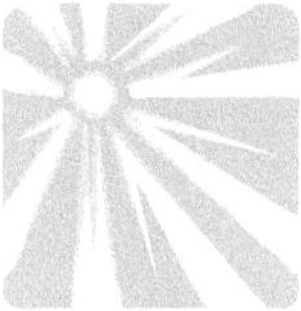

陽光

אור שמש

雲

ענן

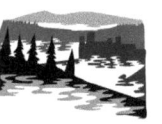

霧

ערפל

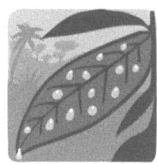

潮濕

לחות

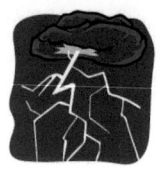

閃電

......

ברק

打雷

......

רעם

風暴

......

סערה

冰雹

......

ברד

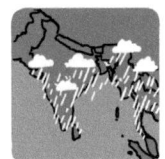

季風

......

רוח עונתי

洪水

......

שיטפון

冰

......

קרח

一月

......

ינואר

二月

......

פברואר

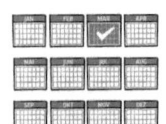

三月

......

מרץ

四月

......

אפריל

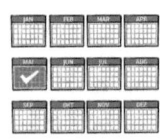

五月

......

מאי

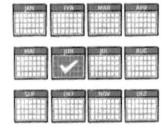

六月

......

יוני

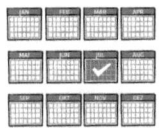

七月

......

יולי

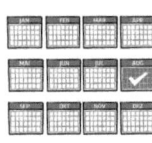

八月

......

אוגוסט

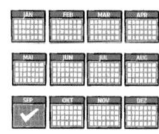

九月

ספטמבר

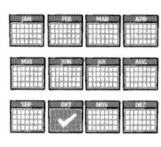

十月

אוקטובר

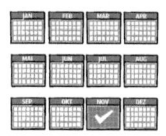

十一月

נובמבר

十二月

דצמבר

形狀

צורות

圓形

עיגול

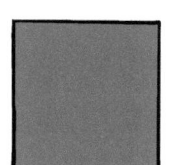

正方形

מרובע

長方形

מלבן

三角形

משולש

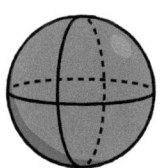

球體

כדור

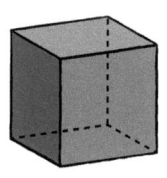

立方體

קובייה

顏色

צבעים

白

לבן

黃

צהוב

橙

כתום

粉

ורוד

紅

אדום

紫

סגול

藍

כחול

綠

ירוק

棕

חום

灰

אפור

黑

שחור

反義詞

הפכים

美/醜

יפה / מכוער

生氣/平靜

כועס / רגוע

很多/少許

הרבה / מעט

明/暗

בהיר / כהה

大/小

גדול / קטן

首/尾

התחלה / סוף

完整/缺失

שלם / חלקי

乾淨/骯髒

נקי / מלוכלך

兄弟/姐妹

אח / אחות

寬/窄

רחב / צר

死/生

מת / חי

白天/晚上

יום /לילה

可食用/非食用

אכיל / לא אכיל

邪惡/善良

רשע / טוב לב

興奮/無聊

מתרגש / משועמם

胖/瘦

שמן / רזה

第一/最後

ראשון / אחרון

朋友/敵人

חבר / אויב

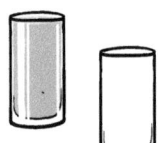

滿/空

מלא / ריק

硬/軟

קשה / רך

重/輕

כבד / קל

餓/渴

רעב / צמא

生病/健康

חולה / בריא

非法/合法

בלתי-חוקי / חוקי

聰明/愚笨

נבון / טיפש

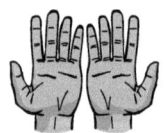

左/右

שמאל / ימין

近/遠

קרוב / רחוק

新/舊

חדש / משומש

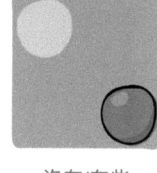

沒有/有些

כלום / משהו

老/幼

זקן / צעיר

開/關

פעיל / כבוי

打開/闔上

פתוח / סגור

安靜/吵鬧

שקט / רועש

富/窮

עשיר / עני

對/錯

נכון / שגוי

粗糙/光滑

מחוספס / חלק

傷心/高興

עצוב / שמח

短/長

קצר / ארוך

慢/快

איטי / מהיר

濕/乾

רטוב / יבש

溫暖/涼爽

חם / קר

戰爭/和平

מלחמה / שלום

數字

מספרים

0	1	2
零	一	二
אפס	אחת	שתיים
3	4	5
三	四	五
שלוש	ארבע	חמש
6	7	8
六	七	八
שש	שבע	שמונה
9	10	11
九	十	十一
תשע	עשר	אחת-עשרה

12
十二
שתים-עשרה

13
十三
שלוש-עשרה

14
十四
ארבע-עשרה

15
十五
חמש-עשרה

16
十六
שש-עשרה

17
十七
שבע-עשרה

18
十八
שמונה-עשרה

19
十九
תשע-עשרה

20
二十
עשרים

100
百
מאה

1.000
千
אלף

1.000.000
百萬
מיליון

語言
שפות

普通話

סינית מנדרינית

美式英語

אנגלית אמריקאית

英語

אנגלית

法語

צרפתית

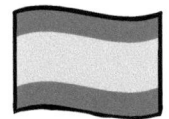

西班牙語

ספרדית

印地語

הודית

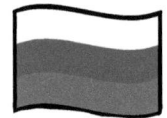

葡萄牙語

פורטוגזית

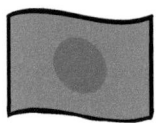

俄語

רוסית

阿拉伯語

ערבית

日語

יפנית

德語

גרמנית

孟加拉語

בנגלית

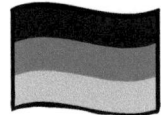

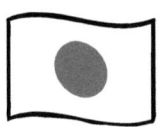

誰/什麼/如何

מי / מה / איך

我

אני

你

אתה / את

他/她/它

הוא / היא / זה

我們

אנחנו

你們

אתם

他們

הם

誰？

מי?

什麼？

מה?

如何？

איך?

何處？

איפה?

何時？

מתי?

名字

שם

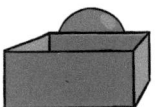

方位

איפה

後面

מאחור

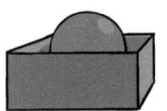

裡面

בתוך

前面

לפני

上方

מעל

上面

על

下麵

מתחת

旁邊

ליד

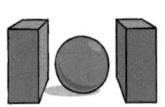

中間

בין

地點

מקום